STRATEGIE FOREX TESTATE

Impara Strategie di Trading Forex Comprovate

Indice

Dichiarazione di Esclusione di Responsabilità

I consigli e le strategie contenuti in questo libro si basano sulle mie esperienze ed opinioni personali e potrebbero non essere appropriati per la tua situazione specifica.

INTRODUZIONE

nvece di spendere migliaia di dollari o leggere libri di 300 pagine, puoi imparare quali sono gli elementi essenziali e realistici del trading in un tempo notevolmente inferiore. Non si tratta di un qualcosa di "annacquato" o di prendere scorciatoie. Questa guida contiene le tecniche utilizzate dai trader professionisti e di successo. Questi concetti sono stati testati e supportati dalle testimonianze dei partecipanti ai miei seminari.

La mia azienda rilascia un diploma di trading che si basa proprio su queste tecniche, che sono state adottate in diverse università.

COSA SI INTENDE PER FOREX?

n questo capitolo esamineremo il Foreign Exchange market (Forex) , il ruolo dei partecipanti, cosa fa muovere il mercato e perché dovresti entrare in questo contesto.

Quindi, cosa si intende per Forex (Foreign Exchange) o FX come lo chiamano in molti? Si tratta del mercato più liquido del mondo. Il fatturato medio giornaliero è di oltre 4 trilioni di dollari USA. Si tratta di una cifra enorme, ma per vedere il tutto in prospettiva possiamo dire che un giorno di FX equivale a circa 2 o 3 mesi di volume di scambi sulla Borsa di New York. Si tratta di un'immagine molto potente, che significa molta liquidità e molti soggetti coinvolti.

Viene negoziato OTC, ovvero over the counter (senza una borsa centrale), a differenza dei mercati azionari o delle materie prime per i quali avvengono scambi centrali dove si incontrano acquirenti e venditori. Con FX, sei solo tu e il tuo broker/rivenditore.

È aperto 24 ore su 24, 5 giorni su 7, dalle 5:00 del Lunedì di Sydney alle 17:00 del venerdì di New York. Davvero molto tempo, che permette di fare trading 24 ore su 24.

Centri e Partecipanti

Chi sono le persone coinvolte nel fenomeno FX?

Per prima cosa dobbiamo dare uno sguardo ai centri FX. I principali centri FX sono Regno Unito, Stati Uniti e Giappone. Sono responsabili della maggior parte del trading. Anche Australia, Singapore e Svizzera sono attori importanti in questa tipologia di mercato, ma i soggetti principali rimangono Stati Uniti, Regno Unito e Giappone.

Banche e Istituti Finanziari

Si tratta delle principali banche e istituzioni finanziarie, che rappresentano circa il 50% delle transazioni. Commerciano tra di loro, elettronicamente.

Anche le banche centrali sono coinvolte e il loro ruolo prevede di intervenire nel tentativo di influenzare il valore delle valute.

Diamo uno sguardo più da vicino a questo aspetto. Capita che le banche centrali tra le più famose, come la Federal Reserve Board e la Bank of Japan, siano note per essere soggetti attivi nel mercato, nel tentativo di influenzare la forza o la debolezza delle proprie valute. Un trader FX deve essere consapevole dei ruoli che gioca.

Partecipanti Aggiuntivi

Ora gli hedge fund FX sono piuttosto conosciuti, anni fa se menzionavi questo termine la maggior parte delle persone non avrebbe saputo di cosa stavi parlando, perché non esistevano. Ci sono fondi che fanno trading su di una valuta particolare o su valute regionali, e su quelle che hanno un interesse si rendono disponibili.

Altri partecipanti sono i broker, sia fisici che elettronici, che fungono da intermediari tra banche e dealer. Banche e dealer si rivolgono ad essi per ricevere assistenza nella ricerca delle migliori offerte, ma i giorni dei voice broker sono contati, perché ora la maggior parte delle attività è elettronica. Oggi ci sono molte aziende che dispongono di desk per i dealer gratuiti.

In questo processo sono coinvolte anche le multinazionali, soprattutto quelle che hanno un rischio di cambio da coprire per quanto riguarda la propria posizione speculativa. Diverse società internazionali utilizzano i propri trading desk per la cosiddetta prop o proprietary trading.

Un esempio di hedging potrebbe essere una società americana che acquista merci dal Giappone e riceve una fattura dovuta in yen. Per proteggersi da una potenziale perdita, in cui l'importo dovuto potrebbe aumentare nel cambio in USD a causa delle fluttuazioni della valuta, viene aperta una posizione sul mercato.

Piccola nota sull'hedging: ciò di cui stiamo discutendo è l'eliminazione del rischio di detenere un particolare asset. L'obiettivo principale non è necessariamente realizzare un profitto. Ad esempio, nel mercato dei futures potremmo avere un coltivatore di grano ed è quello che chiameremo grano long. Il coltivatore teme un calo dei prezzi, quindi vende contratti futures sul grano da coprire in caso avvenga tale evento. Se i prezzi scendono, ciò compenserebbe la perdita dal lato negativo. Non realizzerà profitti, ma eliminerà il rischio di non vendere il grano.

Scopo Personale

Per molti i viaggi internazionali sono un'attività comune, quindi la maggior parte di noi avrà bisogno della valuta in vigore nella propria destinazione.

Anche i nostri acquisti all'estero sono un fattore da considerare. Se sei seduto a New York e vuoi acquistare un paio di scarpe a Londra utilizzando Internet, probabilmente non ti verranno accettati pagamenti USD, ma dovrai effettuare una conversione in sterline britanniche.

Esiste anche il tema della speculazione, e negli ultimi anni si è rivelato uno dei principali motori di trasformazione di FX in un mercato molto fervido, in cui le persone acquistano e vendono solo con intenti speculativi.

Cosa muove il FX?

Cosa sta succedendo nel mercato? Perché si muove? Gli elementi sono molti, potrebbe trattarsi di voci o provenire da un intervento del governo; ad esempio se la Banca del Giappone entra nel mercato nel tentativo di sostenere lo yen ed evitarne la caduta, alcuni trader potrebbero prenderlo come spunto per iniziare ad essere long (acquisto) sullo yen e short (vendita) con l'altro che si incrocia.

Dati

Il libro paga non agricolo è uno dei rapporti principali. Questi inoltre si configurano come i motori di mercato ogni volta che vi è una decisione sui tassi da parte di Fed, Banca d'Inghilterra, BCE, Banca del Giappone e altre.

Guerre, atti terroristici, che si tratti di eventi in Medio Oriente o di altri luoghi caldi nel mondo, tutti possono influenzare il mercato e in alcuni casi anche in modo abbastanza drastico.

Abbiamo anche accennato all'intervento delle banche centrali, che a volte "sminuiscono" per così dire una valuta. Ad esempio, i governatori di banche possono influenzare il mercato anche senza entrarvi con un intervento diretto. Potrebbe ad esempio essere un'osservazione del governatore di una banca centrale durante una conferenza stampa: "Penso che la valuta sia stata sopravvalutata e potremmo aver bisogno di fare qualcosa al riguardo"; oppure potrebbe dire: "La forza della valuta è per noi fonte di preoccupazione e sta influenzando la nostra competitività". A seconda di chi pronuncia tali affermazioni i risultati possono essere drammatici, e in alcuni casi derivano da un totale fraintendimento di ciò che la persona stava cercando di dire effettivamente.

Altri Eventi

Anche gli eventi politici e le elezioni possono essere annoverati tra i principali influencer. L'elezione di qualcuno che ha una visione più ampia della propria valuta potrebbe essere un segnale ben apprezzato dalla valuta stessa.

Con alcune sono importanti anche i livelli tecnici, specialmente con i numeri cosiddetti tondi su cui i trader amano concentrarsi. Un esempio potrebbe essere una coppia di valute scambiata a 1,3995 e mai arrivata a superare quota 1,4000, che quindi inizia ad avvicinarsi ancora di più a 1,4000. Questo livello di 1,4000, se osservato da molto vicino potrebbe avere un valore psicologico, e se viene rotto si può parlare di un breakout al rialzo.

Utilizzando il nostro esempio, se la coppia di valute viene scambiata a 1,3995 e supera 1,4000, allora la potresti vedere crescere fino a

1,4095 e poi scendere a 1,3995. Quindi diremmo che si è trattato di un falso breakout, ma esiste la possibilità che possa essere reale e rimanere al livello di 1,4095

Perché vuoi fare trading FX?

Potresti dirmi che tutte queste sono ottime informazioni, ma perché dovrei voler far trading FX? Le ragioni sono molteplici.

Liquidità

La numero uno è la liquidità; non ha eguali, non c'è niente che vi si avvicini nemmeno lontanamente. Come abbiamo detto all'inizio, un solo giorno di FX equivale a due o tre mesi di volume sulla Borsa di New York. Questo sì che è qualcosa di potente.

Trading 24 ore su 24.

Hai la possibilità di fare trading 24 ore su 24, di notte o di giorno. Non c'è nient'altro che offra questo tipo di flessibilità, e per la maggior parte dei commercianti che sono imprenditori o hanno un lavoro a tempo pieno, in alcuni casi anche studenti universitari, tutto ciò è fantastico.

Opzione long o short

FX offre la possibilità di scegliere tra posizione long o short, questo aspetto è molto importante. Tradizionalmente, la maggior parte delle persone è abituata ad essere long, ad acquistare una determinata quota e a sperare che questa aumenti di valore. Il FX ti permette di andare short, si tratta di un modo diverso di guardare al mercato ma che può comunque essere redditizio. Per i trader esperti si tratta di uno strumento da utilizzare per trarre vantaggio dal mercato.

Correlazione con altre classi di asset

Bassa correlazione con altre classi di asset: questo è importante per chi è alla ricerca un portafoglio diversificato. Quando si verificano turbolenze sul mercato, che si tratti di materie prime o azioni, Forex fa la differenza. Le azioni possono subire una flessione o i prezzi delle materie prime esplodere, ma il Forex è Forex; sono altre le forze che lo muovono. Il FX non sarà ciò che vuoi che occupi l'80% del tuo portafoglio, ma avere una certa esposizione al FX è una scelta prudente.

Termini FX di Base

Potrei non trasformarti in un super trader dall'oggi al domani, ma avere una comprensione di questi termini renderà più facile avere un'interazione nella comunità FX e parlare con i tuoi partner commerciali.

La tua valuta di base è la tua esposizione di mercato e la valuta variabile viene utilizzata per calcolare profitti e perdite (P-Profit/L-Loss). Prendiamo ad esempio EURUSD, l'EUR è la tua valuta di base. La tua esposizione e il calcolo del margine verranno effettuati in Euro. Il profitto e la perdita avverranno in USD.

A seconda della valuta di base del tuo conto il tuo P/L verrà calcolato nuovamente, così se seguiamo questo esempio (EURUSD) e la tua valuta base è la Sterlina (GBP), i profitti e le perdite dei Dollari USA verranno convertiti nella tua valuta base (GBP).

Continuando con i termini di base, pensiamo di avere EURUSD a 1,5800: quello che stiamo dicendo è che 1 Euro equivale a 1,58 dollari, o che l'Euro è più forte del Dollaro USA.

Lo Spread

Si tratta di un termine utilizzato spesso tra i trader. Lo spread si configura come la differenza tra il prezzo di vendita e il prezzo richiesto. Se sull'offerta il prezzo di <u>vendita</u> è 1,5800 e il prezzo di <u>acquisto</u> è 1,5802, abbiamo una differenza di 2 pip. Diremo quindi che lo spread è di 2 pip.

Long, Short e Square

Long

Stai acquistando,

Short

Stai vendendo.

Esempi

Se sei long su EURUSD, o su Euro Dollaro come diremmo, allora sei long su Euro e hai venduto o sei short su USD. Se sei short su Euro Dollaro, sei short su Euro e long su Dollaro.

Square

Hai chiuso. Per spiegare meglio, per avere uno square su una posizione long di 500.000 EURUSD è necessario essere short di 500.000 EURUSD per rimuovere la propria esposizione di mercato.

Gergo del trading

Questo è un piccolo extra che ho incluso per quelli di voi che si misureranno col trading FX in modo regolare.

Il primo è **Cable (GBPUSD)**, un termine che sentirete più volte e indica la Sterlina Britannica contro il Dollaro USA.

Swissie indica il Franco Svizzero (CHF)

Aussie indica il Dollaro Australiano (AUD)

Kiwi indica il Dollaro Neozelandese (NZD)

Loonie indica il Dollaro Canadese (CAD)

La Cifra

Si tratta dello 00 alla fine di un numero, quindi durante il trading potresti sentire un dealer dire che l'Euro Dollaro è a "1,33 la cifra" che significa 1,3300.

Stop Out

Tutte le tue posizioni sono state chiuse ed è una situazione che va a tuo vantaggio.

OCO

One cancels the other, letteralmente uno annulla l'altro; normalmente avviene quando hai un limite e un ordine di stop collegato, se uno viene eseguito l'altro viene annullato.

Eseguito

Ora hai la posizione. Ad esempio, hai un ordine a 3 modalità con un livello di prezzo che vuoi mantenere per l'entrata nel mercato; una volta raggiunto quel livello puoi ritenere il tutto eseguito.

Un **quarto** è 250.000

Una **metà** è 500.000

Uno è un milione

Come affermato in precedenza, conoscere questi termini renderà più semplice riuscire parlare con i tuoi rivenditori o controparti commerciali. Se pensi di voler fare trading per vivere, allora dovresti assolutamente conoscere questi termini.

Calcoli del Trading FX

Molte persone effettuano operazioni FX, ma la maggior parte non ha una reale comprensione di ciò che c'è dietro. Prima di entrare nel mondo del trading FX è importante conoscere quali sono le componenti nel margine, il calcolo P/L e il principio di rollover. Analizziamo questi ambiti.

Consapevolezza dei Requisiti di Margine

Nella maggior parte delle basi FX, i trader fanno trading a margine e non trading FX fisico. Il FX fisico si ha quando 1 dollaro equivale a 1 dollaro nel suo valore. Con il margin trading, puoi aprire una posizione da 1 milione di EURUSD, con un requisito di margine dell'1% di 10.000 euro. Un altro esempio, un saldo di 10.000 con una posizione di 100.000 richiederebbe 1.000 euro per mantenere quella posizione aperta.

Profitti e Perdite in Pip

I pip sono la più piccola variazione di prezzo che è possibile apportare ad un tasso di cambio. Facciamo un esempio con EURUSD: 1,5280 a 1,5281 viene considerata una mossa di pip. Abbiamo USDCAD a 0,9955 che si sposta a 0,9956 con un altro spostamento di pip.

Facciamo un esempio sui profitti e le perdite in pip: acquista 100.000 EURUSD a 1,5100 il tuo profitto sarà di 1,5160, quindi 60 pips. Hai uno stop loss a 1,5070, quindi 30 pips, e così questa è dalla tua posizione di entrata.

In termini di pip abbiamo quello che viene chiamato un rapporto 2 a 1 quando vai long sull'EURUSD a 1,5100, fai profitto a 1,5160 e arrivi a uno stop loss a 1,5070.

Valore del Pip

Esistono diversi modi per calcolare il valore del pip. Questa è una guida che si basa sulla realtà, per questo utilizzeremo un metodo semplice. Utilizziamo l'esempio EURUSD che si presenta con 4 cifre decimali, vale a dire 1,5100, e un valore nominale (l'importo scambiato) di 100.000.

La prima cosa che devi fare è quella di calcolare la quantità di cifre decimali presenti, e in questo caso sono 4. Partendo da destra, rimuovi 4 numeri dal valore nominale (100.000) e otterrai il valore di ogni pip. Rimuovendo i 4 zeri vedrai che il valore di ogni pip è di 10 dollari. Ricorda, come spiegato in precedenza la controvaluta USD viene utilizzata per calcolare profitti e perdite.

Facendo un passo oltre, un profitto di 60 pip (60 x 10 USD) ti fornirà 600 USD, mentre se hai avuto una perdita di 30 pip (30 x 10) sarà di 300 USD. Se utilizzi il ratio trading nella tua strategia, la tua possibilità di realizzare un profitto deve essere maggiore della possibilità di andare incontro a una perdita.

Rollover

Si tratta di una componente che per molti anni ha causato parecchi problemi ai trader FX, ma in realtà non si tratta di un concetto complicato. Molte persone durante il periodo di formazione saltano il capitolo sul rollover, ma noi qui lo affronteremo.

Se vai long su EURUSD, vai long su Euro e short su USD. Significa che possiedi Euro e guadagnerai interessi su di questi. Stai anche prendendo in prestito o andando short su USD, quindi pagherai gli interessi su ciò che prendi in prestito. La differenza di interesse è positiva o negativa e indentifica il tuo scambio.

Al contrario, se stai andando short su EURUSD, sei short su EUR e long su USD. In questo caso stai prendendo in prestito l'Euro e al momento detieni Dollari USA. La differenza di interesse è positiva o negativa e indentifica il tuo scambio.

INVESTIMENTI IN AZIONI

Diamo ora uno sguardo a come viene negoziato il mercato azionario e riesamineremo gli elementi che ritengo siano importanti quando si tratta di investimenti in azioni.

Dividendi

I dividendi si configurano come un ottimo punto di partenza. Con dividendo si intende il reddito di un azionista, oltre all'aumento del valore delle azioni.

Le società che offrono dividendi vengono normalmente definite blue chip. Analizzando i componenti all'interno dell'investimento in azioni vi troverai questo elemento, ma ricorda che si tratta di investimento in azioni e non di trading.

Le società che offrono dividendi sono tradizionalmente ben gestite, se non lo fossero non rimarrebbe nulla per pagare i dividendi. Questo li rende una buona alternativa alle obbligazioni per gli investitori a basso rischio.

Livelli di Debito

Il debito è un altro dei fattori da tenere in considerazione quando decidi di investire in un'azienda. Stai cercando quello che solitamente viene chiamato un rapporto tra attività corrente bassa e passività correnti. Normalmente si può definire buono un rapporto compreso tra 1 e 3.

Tuttavia, in alcuni casi troppa liquidità può risultare negativa. Può essere un segnale di diverse cose; non si sta investendo abbastanza nel futuro, non c'è niente in fase di sviluppo. Il denaro in eccesso potrebbe anche significare che non si stanno facendo acquisti strategici. Molti affermano che si tratta di un segno di insufficiente pensiero proattivo da parte della leadership aziendale.

Tieni presente che il rapporto è relativo al settore che stai ricercando; ad esempio, molte volte le aziende del settore tecnologico hanno rapporti di debito più alti.

Rapporto PE - Rapporto Prezzo/Utili

Questo valore indica appunto quanto vale un'azienda in uno scambio, in rapporto al reddito derivante dai suoi prodotti e servizi.

Si tratta del metodo più utilizzato per valutare le azioni e valutare se hanno un prezzo corretto. Sentirai spesso questo termine, quindi è importante che tu comprenda bene il concetto. Utilizzando un esempio semplice, se un'azienda detiene azioni che valgono 50 milioni e i profitti corrispondono a 5 milioni il rapporto P/E è 10. Come abbiamo già detto in merito all'attivo e al passivo, il rapporto è relativo al settore ricercato.

Amministratori Trading

Gli amministratori sono tenuti a rivelare quando negoziano azioni delle loro società. Solitamente sono quelli che hanno maggiori informazioni all'interno dell'azienda, quindi potresti vederlo come un indizio per eventi futuri; ma non dimenticare di tenere la mente aperta.

Alcuni potranno affermare che gli amministratori stanno vendendo perché c'è qualcosa di negativo in azienda, oppure che stanno comprando perché sono consapevoli di un qualche elemento positivo. Si tratta di un indicatore, ma non può darti la certezza al 100%; il motivo potrebbe essere qualcosa di molto più banale come il fatto che hanno bisogno di liquidità. Potrebbero voler investire in altri ambiti, oppure si trovano ad essere eccessivamente esposti alla quota di quella particolare azienda e devono cercare di ridurre l'esposizione. Potrebbe anche essere dovuto tutto ad una separazione, per questo non puoi sempre valutare i segnali come segno di qualcosa di drammatico che sta accadendo.

Liquidità e Volume

Come abbiamo accennato nella sezione del FX, la liquidità è un elemento altrettanto importante per gli investimenti azionari. Direi ancora più importante con gli investimenti azionari, questo perché nel FX puoi entrare o uscire dalle negoziazioni 24 ore su 24. Se parliamo invece di scambi fisici, la maggior parte è aperta tra le 9 e le 17 a seconda del paese.

La liquidità e il volume sono importanti perché ti permettono di raccogliere i tuoi profitti con facilità. È bello guardare i profitti cartacei, ma se non sei in grado di raccoglierli non stai certo seguendo la strategia giusta. Se stai affrontando una perdita, potresti passare da uno scenario non proprio felice ad un vero e proprio incubo mentre vedi le tue perdite in aumento senza uscita; per questo è fondamentale poter contare sulla liquidità.

Avvia il tuo radar per il Bollettino OTC (Over the Counter) o pink sheets:

Si tratta di azioni a bassa liquidità negoziate su borse minori, diffida di queste. Queste azioni normalmente <u>non</u> sono soggette agli stessi requisiti di controllo delle azioni sulle borse principali, e insieme ad una bassa liquidità sono la perfetta anticamera per le notti insonni.

Rendimento

Qual è il rendimento delle tue azioni preferite in relazione ai suoi peer? Vorresti che sia almeno uguale, a meno che non vi sia qualche motivo particolare per una sottoperformance.

Rendimento su più intervalli di tempo

Se sei un investitore a lungo termine, inseguire il vincitore della settimana solitamente non si configura come una solida strategia di investimento. Seleziona quindi azioni il cui rendimento rispecchi fedelmente l'orizzonte temporale della tua strategia di investimento.

ORDINI A 3 MODALITÀ

I componenti dell'ordine a 3 modalità

D opo aver soddisfatto le tue condizioni di ingresso, il tuo ordine iniziale rappresenterebbe il tuo ordine di ingresso, detto anche ordine primario: si tratta dell'ordine utilizzato per entrare nel trading.

Il prossimo è il tuo ordine limite, ordine di profitto o anche detto ordine divertente, è qui che ricevi i tuoi profitti dal mercato.

Infine, abbiamo l'ordine di stop loss, utilizzato per limitare le tue perdite. Una regola che i trader dovrebbero sempre tenere a mente è "niente liquidità niente trading", per questo lo stop loss è così importante.

Quali sono i vantaggi delle 3 modalità?

Trading da Remoto

Gli ordini a 3 modalità ti permettono di fare trading da remoto. Si tratta di un grande vantaggio per molti, dato che la maggior parte di noi lavora o gestisce un'impresa e non ha il tempo di fermarsi a controllare le negoziazioni minuto per minuto. Con gli ordini a 3 modalità puoi rimanere attivo nei mercati senza dover rimanere costantemente seduto alla tua scrivania o seguire i notiziari.

Disciplina

Infonde disciplina al tuo trading perché i parametri sono definiti prima dell'entrata del trading, si tratta di un punto molto importante che tratteremo ancora. Uno degli elementi più importanti che fanno la differenza tra coloro che realizzano un profitto nel trading e chi lo sta perdendo, è avere dei parametri impostati prima del trading.

I trader istituzionali, persone che hanno fatto del trading la propria professione, utilizzano delle variazioni degli ordini a 3 modalità. Da dove trarre profitto e dove tagliare la perdita per preservare liquidità viene deciso prima di entrare nel trading.

Riduce al minimo l'emozione del trading

Quando i parametri sono predefiniti, non viene lasciato alcuno spazio di interferenza e potrai cominciare ad organizzare ogni aspetto del tuo trading. Si tratta di un elemento cruciale.

Rapporto di Trading

Il rapporto di trading indica il tuo rapporto rischio/rendimento e si compone del tuo livello di ingresso, dello stop loss e dell'obiettivo di profitto. Il rapporto di trading si riferisce inoltre ad un rapporto vincita/perdita 2 a 1, 3 a 1, eccetera.

Cominciamo con uno scambio ipotetico. Hai un prezzo di entrata per l'acquisto di EURODOLLAR a 1,5550, hai uno stop loss a 1,5525 che è di 25 pips più basso, e quindi hai un obiettivo di profitto a 1,5600, vale a dire 50 pips. Questa combinazione ti dà un rapporto di 2 a 1.

Analizzando un ordine a 3 modalità con un rapporto 3 a 1, acquisti EURUSD a 1,5550, stop loss a 1,5525 (25 pip) e hai un obiettivo di profitto maggiore di 1,5625. La ricompensa per il rischio è di 3 a 1.

Supporto e Resistenza

Con i livelli di supporto e resistenza siamo alle basi dell'analisi tecnica. Ciò non significa che questo sarà un capitolo sull'analisi tecnica, in realtà l'intento è quello di fornirti l'analisi tecnica pratica di ciò che devi sapere per fare operazioni di trading e realizzare un profitto.

Livello di Supporto

Il livello di supporto è il prezzo al di sotto del quale lo strumento negoziato ha avuto storicamente difficoltà a scendere. Alcune persone lo chiamano floor. Ciò che è importante ricordare sul livello di supporto è che questo cambia insieme al tuo periodo di tempo. Il livello di supporto che vedi su di un grafico orario sarà diverso da quello mostrato su un grafico giornaliero o settimanale. Quindi dovrai utilizzare un livello di supporto e resistenza che corrisponda al tuo periodo di trading.

Livello di Resistenza

Con livello di resistenza si intende il livello di prezzo sopra il quale la valuta o lo strumento su cui stai effettuando operazioni di trading ha storicamente avuto difficoltà a fare trading.

L'intervallo di tempo presente sul grafico dovrebbe corrispondere al tuo orizzonte temporale di trading. Una resistenza di un'ora è totalmente diversa da quella di una settimana o di un mese. Come per il livello di supporto, i parametri devono corrispondere.

Se ti interessa approfondire l'analisi tecnica, ci sono altre risorse che posso   metterti   a   disposizione.

METTIAMO TUTTO INSIEME

n questa sezione collegheremo i diversi aspetti facenti parte di un sistema di trading, e con i quali i trader dovrebbero avere a che fare.

Piattaforma di Trading

Come prima cosa è ovviamente importante selezionare una piattaforma di trading che sarà il veicolo che utilizzerai per condurre le operazioni di trading. La maggior parte di noi fa trading online ed è quindi fondamentale scegliere una piattaforma che sia in linea con il tuo stile di trading. Potrebbe essere una piattaforma ad alta tecnologia o qualcosa di più semplice. Dovresti anche informarti su chi sia il provider che mette a disposizione la piattaforma. Nella sezione successiva esamineremo ulteriormente il processo di selezione di un partner commerciale.

Obiettivi

Senza obiettivi sarà davvero difficile iniziare a fare trading. Un'analogia che ho sentito e che mi piace utilizzare quando parlo di obiettivi è che senza un obiettivo sarebbe come recarsi ad una biglietteria aerea e dire "dammi un biglietto!" E naturalmente ti chiederebbero "un biglietto per dove?"

Gli obiettivi a breve termine possono essere obiettivi di profitto giornalieri o settimanali, e sono personalizzati. Gli obiettivi devono corrispondere al tuo stile e alla quantità di capitale di rischio che hai a disposizione per il trading.

Gli obiettivi a lungo termine sono spesso correlati alla tua strategia di investimento. Lo sono anche ai tuoi obiettivi a breve termine, dato che quelli a lungo termine dovrebbero basarsi su quest'ultimi. Deve esserci una sorta di corrispondenza perché se hai un obiettivo settimanale di 100 dollari e uno mensile di 1.000, allora sarai costretto ad affrontare una discrepanza.

Infine, devi avere un piano di trading perché senza di esso andrai incontro a perdite potenzialmente enormi. Senza un piano non ha alcun senso fare trading.

Preparazione Mentale

Devi essere psicologicamente pronto per affrontare il mondo del trading. Se stai per fare delle operazioni di trading e sei teso o nervoso, devi prenderti una pausa. Medita, fai un po' di esercizio o quello che preferisci, ma è importante non effettuare operazioni di trading finché non sei psicologicamente pronto.

Con il trading devi essere in grado di non prendere le cose sul personale. Rimuovi le emozioni legate al trading, non si tratta di un'attività in cui sei tu contro il mondo. L'obiettivo è fare soldi.

Conosci la tua tolleranza al rischio

Quanto sei disposto a rischiare per ogni operazione? È una domanda importante; ricorda la regola d'oro numero uno, "niente liquidità, niente trading". Non importa quello che potrebbero dirti, se non c'è liquidità non c'è trading, e questo è un assunto che dovresti prendere davvero sul serio.

Tutto ciò si collega alla tua tolleranza al rischio; ad esempio, se hai un saldo di 10.000 USD e vuoi rischiare l'1%, l'importo sarà di 100 dollari. Questo significa che nel tuo capitale di rischio, indipendentemente da ciò che stai negoziando, il tuo stop loss non dovrebbe superare i 100 USD.

Attieniti alla tua due diligence

È iniziato un nuovo giorno e il tuo computer è acceso, cosa è successo in queste ore? Cosa è successo al Nikkei? Come trader devi essere sempre aggiornato sulla correlazione tra i mercati.

Ad esempio, se scambi su mercati asiatici e vivi in Europa o nei Caraibi, dovresti informarti sulle notizie inerenti alle ultime ore e, cosa più importante, di come i mercati hanno reagito. A volte, quella che in teoria potrebbe sembrare una buona notizia in realtà spinge i mercati verso una reazione negativa.

Un altro esempio, i trader hanno notato che se il Nikkei si apre negativamente verrà seguito a ruota dai mercati di Europa e Stati Uniti.

Cosa succede oggi? Se si tratta di un rapporto in grado di muovere i mercati come i libri paga non agricoli, l'IPC e altro, sarà necessario esaminare le proprie posizioni, in particolare sul trading FX che dimostra di essere sempre molto sensibile.

Come capire il tuo livello di accesso

Conoscere i tuoi punti di accesso significa avere una buona ragione per ogni operazione effettuata. Se questa buona ragione non esiste, allora ti suggerisco di prendere il tuo denaro e di consegnarlo ad un ente benefico. Devi avere un motivo certo per ogni scambio selezionato.

Quando selezioni il tuo livello di accesso, hai bisogno che ci sia un buon rapporto rischio-rendimento e ciò dovrebbe corrispondere alla tua tolleranza al rischio.

Dovrai prendere in considerazione anche l'analisi tecnico/fondamentale. I livelli di supporto e resistenza, i guadagni dell'azienda, i rapporti del governo, sono tutti fattori essenziali da prendere in considerazione prima di qualsiasi operazione di trading.

Se stai facendo trading FX, vuoi conoscere le posizioni delle linee di supporto e resistenza per il periodo di tempo in cui stai operando.

Conosci i tuoi livelli di uscita

Qual è il tuo obiettivo di profitto, cento dollari o qualcosa di più? Ne devi essere consapevole.

Se imposti gli stop loss per controllare le perdite, la prima cosa da fare è assicurarti che rientrino nei tuoi parametri. Se stai facendo ratio trading, il rapporto impostato dovrebbe essere ad un livello in cui hai un maggiore potenziale di profitto rispetto alle possibilità di perdita.

Come per il tuo livello di entrata, dovresti conoscere l'analisi fondamentale, i livelli di supporto e resistenza e un'altra delle regole d'oro di un trader: "taglia le perdite e lascia correre i profitti". Molti trader credono che i profitti si prendano cura di sé stessi, ma devi sempre tenere d'occhio le perdite.

Tieni un Diario

Potrebbe essere un metodo che non va bene per tutti, ma io lo utilizzo per tenere i resoconti delle mie operazioni di trading. Comprende diversi elementi, dove sono entrato nell'operazione di trading, il mio livello di uscita e perché ho pensato che quel trading fosse una buona idea quando sono entrato.

Se ricontrollando il tuo diario ti accorgi che sono presenti degli schemi, allora dovresti cominciare a tenerne traccia. Puoi rimuovere uno schema che non funziona o ampliare uno che lo è. Questo ti permetterà di mettere a punto le tue operazioni.

Rivedi i Tuoi Risultati

Rivedi profitti o perdite della giornata. Questo passaggio è importante perché il trading può anche essere divertente, ma si tratta pur sempre di business e il punto è di realizzare profitti. Se la revisione P/L non porta a ciò che avevi previsto, devi assolutamente scoprire il perché.

Devi capire cosa c'era dietro i tuoi risultati. Forse si è trattato di pura fortuna, ed è comunque una cosa fantastica; ma normalmente la fortuna non è una strategia sostenibile per chi fa trading. Io ti suggerirei di controllare il tuo diario, cosa che faccio anche io. Le operazioni di trading sono state sincronizzate correttamente con il rapporto uscito? O si trattava della dimensione delle posizioni? Questi fattori possono influenzare i risultati.

Il passaggio successivo è quello di chiederti se sai quali notizie puoi aspettarti per il giorno successivo. Durante l'analisi dei report, puoi essere proattivo anche sulle transazioni future. A seconda dei dati rilasciati, potresti voler entrare nel mercato in tempi brevi.

TATTICHE DI TRADING

Qui esamineremo i motivi principali per cui i trader perdono denaro e, cosa più importante, parleremo delle varie soluzioni.

Aspettative Irrealistiche

Quando si inizia a fare trading, come per molte cose, è importante e necessario avere un'idea realistica di ciò con cui si ha a che fare. Le aspettative irrealistiche possono assumere la forma di chi inizia con ciò che viene chiamato conto mini-trader, di 1.000 o 2.000 USD, e si aspetta di diventare ricco durante la notte.

Ho visto persone iniziare anche con 100 o 200 dollari, il che va bene. Non c'è niente di sbagliato nell'importo, ma quegli stessi trader con 100 o 200 dollari si aspettano di vederne arrivare 1.000 o 2.000 sui loro conti entro poche settimane, se non in un paio di giorni. Esistono delle società che effettivamente parlano di questa possibilità o addirittura promettono di poter raggiungere un tale risultato. Non sto dicendo che ciò sia impossibile, ma sicuramente non è realistico. Quando fai trading è fondamentale avere il senso della realtà.

Nessun Piano

Come abbiamo già detto, non aver alcun piano sarebbe come arrivare al bancone di una compagnia aerea e dire semplicemente "dammi un biglietto", e questo di certo ha poco senso. Tramite la pianificazione, il tuo trading deve arrivare ad avere un allineamento di tempi e risultati che ti aspetti di ricevere.

Se ti piace il FX, allora potrebbe essere buona idea rimanere in questo campo, costruire una base partendo da questo punto e da lì esplorare altri strumenti. Magari iniziare a fare trading anche sui futures FX; una volta che hai una buona conoscenza del FX puoi iniziare a esaminarne le derivazioni, ad esempio proprio nei mercati dei futures.

Se hai familiarità con il trading di azioni, potresti voler entrare nel campo dei CFD (Contratti per Differenza) che si identificano come derivati azionari. Le operazioni in questo caso vengono effettuare da trader attivi. Ancora una volta, dipende tutto dal piano che vuoi seguire per iniziare.

Rischio Troppo Elevato

Potrebbe capitare a chi ha 100 dollari sul proprio conto o anche 100.000. Non è l'importo l'elemento importante, ma ciò che stai rischiando in relazione ai fondi disponibili.

Per fare un esempio semplice, se sul conto hai 10.000 USD e stai facendo operazioni di trading su una posizione di 100.000 EURUSD, ogni pip corrisponderà a 10 dollari. Non si tratta di una grossa cifra, ed è in linea con il tuo profilo di rischio. Se passi poi al trading di una posizione da 1.000.000, ogni pip varrà 100 dollari. Se hai 10.000 USD sul conto e sei long, uno spostamento di 10 pip verso il basso comporterà automaticamente una perdita di 1.000 dollari.

Confondere il Trading Con l'Investimento

Durante i miei anni di lavoro in banca, ho assistito innumerevoli clienti ai quali ho dovuto sottolineare ripetutamente la necessità di non confondere le due questioni. Il trading significa fare soldi, è un'attività che genera reddito. Esci ed entri dalle operazioni di trading, a differenza dell'investimento che è un qualcosa più a lungo termine. Potrebbe anche essere che alcuni dei tuoi obiettivi di investimento derivino dal tuo trading, ma non devi confonderli.

Gli strumenti che stai negoziando, ad esempio il FX che è attivo, non li stai investendo: stai negoziando e guadagnando reddito. Un altro esempio potrebbero essere i CFD.

Per qualcuno potrebbe essere un elemento fondamentale ma parlando per esperienza, dopo anni di consulenza ai clienti a livello globale, ci sono molte persone che confondono trading e investimenti.

Soluzioni

Va bene parlare di problemi e sfide, ma ovviamente abbiamo bisogno anche di soluzioni.

Leva Bassa

Abbiamo parlato dei problemi che comportano i rischi elevati, la soluzione è utilizzare una leva bassa. Se vuoi aprire una posizione di 100.000 dollari su EURUSD, dove ogni pip vale 10 dollari, ma non sei sicuro al 100% potresti iniziare con 50.000. Mantenere una leva bassa ti dà il tempo per pensare, per reagire in modo più efficace e non sarai più così sensibile ai cambiamenti del mercato.

Scaling In Scaling Out

La strategia del scaling in scaling out è una delle mie preferite. La utilizzo sia per i miei investimenti che con il trading. La teoria alla base è quella di consentire al mercato di fornirti indicazioni su da che parte andare; è davvero semplice.

Facciamo un esempio: dopo aver fatto la mia analisi tecnica e fondamentale prevedo di acquistare 1.000 azioni GCMS. Da dove iniziare? Inizierei con una posizione di 200 o 250 azioni e aspetterei che sia il mercato a confermarmi se sono sulla buona strada. Se ho acquistato azioni GCMS a 100 dollari e improvvisamente salgono a 125 per azione il mercato sta confermando che la mia decisione è quella giusta. In questo esempio, se ho iniziato con 200 azioni, ne potrei aggiungere altre 200 o 250 e ripetere il procedimento fino al raggiungimento del mio obiettivo di 1.000 azioni.

Alcuni potrebbero affermare che ho perso parecchio nel passaggio da 100 a 125 e probabilmente è così, ma potendo fare tutto con calma sono anche più sicuro nella mia decisione. Al contrario, tornando al tema dello scaling out, immaginiamo che il mercato si sia mosso contro le mie scelte; invece di avere 1.000 azioni inizialmente a rischio, queste sarebbero state solo 200. Ovviamente esiste un compromesso, ma per esperienza posso dire che è a vantaggio di coloro che stanno affrontando uno scaling in o out.

Facciamo un altro esempio, supponiamo che tu abbia acquistato 200 azioni a 100 dollari ciascuna e che il prezzo scenda improvvisamente a 90. Quello che vorrei suggerire è di considerare di venderne solo 50 o 75 invece di vendere tutto subito, questo perché il calo potrebbe dipendere solo da una reazione eccessiva del mercato. Sono molti gli elementi che possono entrare in gioco, ad esempio delle voci false; e così ancora una volta stai permettendo al mercato di guidarti lungo il giusto percorso. Ovviamente, se il prezzo continua a scendere allora potrai vendere di più. Puoi vederla da un'altra angolazione: utilizzando l'analogia della guida in autostrada. Se hai di fronte un lungo rettilineo acceleri e se hai molte curve rallenti, e tutto sembra funzionare.

Trading su Mercati Liquidi

Fare trading su mercati liquidi è un'attività che non dovrei enfatizzare troppo. Ci sono persone nel mercato azionario che scambiano sul Bollettino Over the Counter (OTC) o altre azioni che vedono scarse operazioni di trading, e nel FX si tratta di valute esotiche (spesso a bassa liquidità) che vanno bene purché tu sia consapevole del rischio. La liquidità è fondamentale soprattutto come trader, un investitore non è così sensibile al tempo, ma se stai facendo trading e ti sono richieste mosse improvvise allora vorrai essere in un mercato liquido.

Per chiarire meglio, la liquidità è la capacità di entrare e uscire dalle operazioni di trading con facilità. Essere in un'operazione di trading e avere profitti cartacei è meraviglioso, ma quando arriva il momento di convertire tali profitti e non sei in grado di farlo, allora sarà davvero come un brutto scherzo perché potrai solo guardarli. Non proprio una bella situazione. D'altra parte, se sei in perdita e non riesci ad uscire da quella posizione, potresti vivere un vero e proprio incubo. Non mi interessa da chi tu stia prendendo consigli o quale sia il blog che stai leggendo, devi fare trading su mercati liquidi, non c'è altro modo.

Trading sulle Notizie

Questo è per i trader sulle notizie, e se stai pensando di fare trading prescindendo dai numeri (nel momento in cui vengono rilasciati i dati di mercato) dovresti rivalutare la tua scelta.

Sono molti i sistemi utilizzati per mettere in campo operazioni di trading al di là dei numeri, nel tentativo di essere più intelligenti delle banche; personalmente non è una tattica che mi sento di suggerire. Prima di tutto le banche non sono stupide, conoscono i propri clienti e si avvalgono di dipartimenti istituiti proprio per il monitoraggio di questo tipo di attività e per assicurarsi di non essere ingannati.

Se vuoi fare trading tralasciando i numeri, tieni presente che il prezzo in cui il tuo ordine viene evaso o eseguito potrebbe essere molto diverso da ciò che avevi in mente. Per chi commercia con fornitori che garantiscono determinati prezzi, sono sicuro che 9,99 su 10 ha inserito una minuscola clausola che afferma che la garanzia è valida solo in condizioni di mercato normali. Significa che oltre i numeri, il prezzo che vedi potrebbe non essere quello che otterrai.

Selezione di Coppie di Valute

In FX potrai selezionare alcune coppie e dovrai imparare a conoscerle come fossero un tuo caro amico. Molte persone iniziano il trading FX facendo operazioni con le cosiddette "major", ad esempio EURUSD, GBPUSD, USDCAD, USDJPY o AUDUSD. Dovresti conoscere buona parte delle major, anche se si tratta di EURSEK/Euro Svedese per il mercato scandinavo o EURJPY per il resto d'Europa.

Personalmente, faccio trading con solo tre o quattro di queste per la maggior parte. Dopo un po' di tempo che hai iniziato a fare trading con queste coppie di valute, ti diventeranno familiari e avrai un'idea più approfondita di come si muovono.

Altre Tattiche

CFD o azioni, aggiornamenti aziendali, avvisi di profitto sono buone opportunità, il che significa che i prezzi tendono ad andare nella direzione annunciata. Quindi, se sai che avverrà un aggiornamento è probabile che i prezzi aumentino. E dall'altra parte, almeno statisticamente, quando le aziende annunciano avvisi di profitto, i prezzi tendono a scendere. Ma accade spesso che entro la fine del trimestre, quelle stesse società abbiano superato le stime inferiori annunciate causando un aumento di quell'azione. Quindi i più audaci potranno pensare di acquistare dopo il calo di prezzo iniziale dall'annuncio. Questo potrebbe essere il tuo biglietto della lotteria vincente.

Posizionamento Strategico degli ordini

Vuoi essere il primo quando ricevi i tuoi ordini eseguiti, e inserisci ordini limite prima che la resistenza sia effettiva, posto che i livelli di resistenza sono già noti a tutti. Se sei un trader che si basa sulla tecnica vuoi che l'ordine risulti eseguito prima che colpisca la resistenza, e supporto di ciò vuoi entrambi un po' al di sopra e al di sotto del livello di supporto se long, solo per essere sicuro che non sia un falso breakout al ribasso.

Utilizzo dei Principi di Delta

Il delta trading ,o i principi del delta trading, esistono da molti anni. È iniziato tutto con un gruppo selezionato di persone che si chiamavano Delta Society. Hanno speso molti soldi per unirsi e imparare alcuni principi coperti da un velo di mistero.

I principi fondamentali sono che quando qualcuno fa trading (non investe), vede il mercato quasi come attraverso gli occhi di un bambino. Le azioni che stanno salendo continueranno a salire, quindi le compri, e quelle che stanno scendendo continueranno a farlo. Niente è ipercomprato o ipervenduto, semplicemente segui il mercato.

Esistono alcuni strumenti necessari per l'attuazione di questa strategia. Per prima cosa, è necessario fare trading su azioni attive, quelle scambiate lateralmente non sono applicabili. Inoltre dovresti utilizzare un filtro di stock, strumento fondamentale e nella maggior parte dei casi gratuito.

I filtri permettono di individuare in modo efficiente le condivisioni in aumento e quelle che invece sono in calo. Quello che secondo la mia esperienza funziona meglio se utilizzi i filtri, è il trovare i vincitori nei diversi intervalli di tempo.

Un esempio potrebbe essere quello di utilizzare come primo filtro i vincitori di tre mesi. Poi utilizzare un filtro più approfondito, che vada a ricercare i vincitori di un mese; e infine i vincitori di una settimana. Questo processo di filtraggio permette di valutare quali azioni stiano vedendo costantemente dei vincitori nel corso degli intervalli di tempo. Queste sono le azioni che le persone vogliono. Grazie a questi dati puoi contare su una base migliore per selezionare le azioni da acquistare per il tuo portafoglio di trading.

Si tratta di una tecnica di trading dove non devi investire, perché i vincitori di una settimana o un mese potrebbero non essere le azioni che vuoi inserire nel tuo portafoglio di investimenti a lungo termine. Utilizzando semplicemente i filtri per i vincitori di 3 mesi, 1 mese o 1 settimana, sarai comunque avanti rispetto a molti. A seconda dell'aggressività del tuo stile di trading, potrai modificare i tempi. È una tecnica che ho utilizzato anche io con ottimi risultati.

Per concludere, i trader di maggior successo utilizzano un sistema. Hanno un'entrata, un'uscita, una dimensione della posizione impostata e si basano sullo scaling in e out. Come abbiamo spiegato all'inizio, devi avere un piano; è questo ciò che divide i professionisti dai semplici giocatori.

SELEZIONE DI UN PARTNER COMMERCIALE

E samineremo ora gli aspetti importanti della selezione di un partner commerciale.

Cosa è Importante?

Liquidità

La liquidità è importante, specialmente nei periodi di volatilità come abbiamo visto nelle sezioni precedenti, per questo ne parliamo nuovamente. Il tuo partner commerciale deve essere in grado di fornirtela.

È importante per gli strumenti che stai utilizzando per le tue operazioni di trading, che si tratti di FX o azioni. I cross FX sono liquidi, ma devi comunque fare attenzione che il tuo partner abbia accesso a questa liquidità, altrimenti potresti trovarti nella brutta situazione in cui hai un profitto ma non sei in grado di incassarlo.

Esecuzione Rapida

Esecuzione rapida significa che clicchi e ottieni il prezzo indicato. La liquidità è un fattore chiave nella velocità di esecuzione.

Affidabile

Come con qualsiasi tipo di relazione, vuoi avere a che fare con un partner commerciale che goda di una buona reputazione ed che sia noto per la sua affidabilità e per la sua solida base finanziaria. Non vuoi fare trading con qualcuno che rischia di collassare. Ti incoraggio a chiedere consiglio ad un amico fidato.

Piattaforma affidabile

La tua piattaforma deve essere affidabile. Non è certo ottimale avere una piattaforma che risulti inattiva o che abbia problemi tecnici quando sei pronto a fare trading.

Se fai trading in normali condizioni di mercato e ottieni di frequente prezzi quotati nuovamente, allora dovresti fare attenzione.

Accesso a notizie e dati di mercato

La tua piattaforma o partner commerciale dovrebbe avere accesso alle notizie o a quelle che a volte vengono chiamate notizie in streaming dalle diverse agenzie di stampa per l'ex Reuters, Bloomberg. Vuoi anche avere accesso al loro desk di market making. Se non ne dispongono, dovrebbero essere comunque in grado di fornirti i dati di flusso del mercato, ad esempio informarti se i trader attualmente sono long sull'EURUSD o se può sembrare che ci sia un movimento verso l'USDJPY. Si tratta di un fattore importante, soprattutto se fai trading su Forex.

Il migliore team strategico della categoria

Non esiste un team strategico perfetto, ma ne vuoi uno che sia almeno affidabile e che ti metta a disposizione analisi di mercato imparziali. Come per gli altri argomenti, dovresti parlare con i tuoi amici per avere da loro opinioni e consigli sui questi team strategici.

Sistema di Grafici Affidabile

Abbiamo detto che i grafici hanno solo "scopo indicativo", non rappresentano il mercato ma vuoi comunque che diano un'idea di dove sta andando. Un altro fattore, a seconda del sistema di grafici, è che il grafico stesso rifletterà solo l'offerta (prezzo di vendita).

Durante i miei anni di lavoro presso un trading desk, ho avuto numerose discussioni con i clienti dopo una "cattiva esecuzione" (gergo commerciale, poiché la tua operazione è stata eseguita ad un prezzo che è risultato peggiore di quello atteso). Durante le controversie, i clienti guardavano il grafico e dicevano "ma il grafico dice questo, e questo è quello che voglio ottenere"; e qui arriviamo ad un punto molto importante: il grafico è indicativo, il grafico non è il mercato.

Qualsiasi broker con cui hai a che fare, vuoi che faccia trading in merito a dove si trova il mercato e non a seconda di dove si trova il grafico. Il miglior consiglio su una controversia commerciale, quando si ha a che fare con un dealer professionista o un broker istituzionale, è discutere del prezzo di mercato e stare alla larga da ciò che dice il grafico. Se si tratta di veri professionisti, la prima cosa che ti diranno è dove si trova il mercato, e non dove si trova il grafico; questo perché le persone fanno trading sui mercati e non sui grafici.

Come trovare dei bravi professionisti?

Parla con gli amici che fanno trading, e ovviamente puoi anche contattare me.

Codice di Trading di Notizie Forex

1- Solo ordini - solo nel mercato quando vi è un movimento evidente. Questo mi permette di evitare mercati che non sono di tendenza (denaro perdente, solo il broker guadagna)

2- Avere ordini di stop entry di acquisto o vendita 10-20 pips sopra il punto in cui stiamo operando con il trading significa non entrare a meno che non vi sia un reale movimento nel mercato (in questo modo evito falsi breakout e falsi mercati). Sono consapevole che mi mancheranno alcuni dei movimenti iniziali del mercato, ma tutto ciò è compensato dal NON essere risucchiato da falsi breakout.

3- Non effettuo spesso operazioni di trading con gli altri, ma quando lo faccio è perché c'è del movimento. Le perdite sono fissate dallo stop loss (prima dell'operazione di trading)

4- Stop loss più importante fissato a un massimo di 12-15 pip. Vedi il punto seguente.

Il trading è un **business = la gestione del denaro** non è un gioco su chi ha "ragione o torto" ma solo se guadagni o perdi denaro.

GUIDA ALL'ANALISI TECNICA DEL TRADING

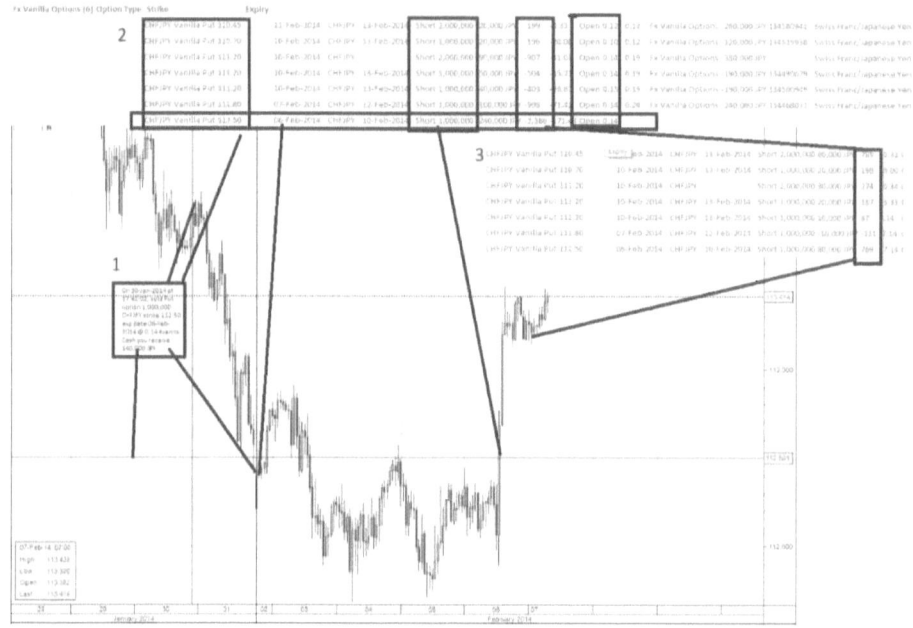

Intervallo di Tempo del Grafico

L'intervallo di tempo, il fattore più importante per una decisione di trading. La decisione di acquistare o vendere inizia <u>sempre</u> con l'intervallo di tempo. Il segnale per comprare o vendere per un day trader è differente da quello di uno swing trader, e nella maggior parte dei casi è estremamente diverso da un trader/investitore a lungo termine. Gli esempi che utilizzeremo si basano su intervalli di tempo di negoziazione a breve termine/giorno.

Day trading - Chiusura delle posizioni entro 24 ore

Swing trading - Le negoziazioni di holding aprono a partire da poche ore fino ad un massimo di pochi giorni

Per i trader a breve termine è già positivo poter contare su di un grafico ad 1 ora che permette di ottenere una panoramica del mercato, e da qui decidere di fare trading con il grafico a 30 o 15 minuti. Più breve è il tuo orizzonte temporale di trading, più breve sarà il periodo di tempo riportato sul grafico.

Per utilizzare queste impostazioni ti consiglio di creare grafici inerenti a diversi intervalli di tempo e lasciarli aperti sulla piattaforma di trading. Ciò renderà più efficienti le operazioni.

Intervallo di tempo e la tua posizione nel canale acquisto – vendita

Una volta impostato l'intervallo di tempo, dovrai individuare dove ci si trova nel canale di trading (il canale di trading è l'area che intercorre tra le bande alte e basse delle Bande di Bollinger). Se sei vicino alla parte superiore significa che sei vicino ad un potenziale livello di inversione (dove il mercato gira/inverte), ad esempio se dirigendosi verso l'alto improvvisamente si sposta verso il basso. Se sei in basso e il mercato si dirige verso l'alto, si tratta comunque di un livello di inversione.

Cosa fare con i livelli di inversione

Ed è qui che il trading diventa un po' più complicato. Solo perché siamo ad un livello di inversione o vicini ad esso, non significa che si invertirà realmente. Potremmo anche ottenere un breakout (il mercato va al di sopra/al di sotto dei livelli di resistenza o supporto noti). Un consiglio che puoi seguire per il dopo, è semplicemente quello di rivedere il grafico per analizzare i movimenti di mercato passati (è salito o sceso) al livello dei prezzi che ti interessano, in modo da capire cosa sia accaduto al mercato l'ultima volta. Questo aspetto è importante perché la "persona" centrale qui è il mercato, non <u>tu</u>.

Ad esempio, se il mercato si è già sostato verso il basso, ci sono buone probabilità che lo faccia nuovamente. Tuttavia questo comportamento NON va considerato come una garanzia, oltre al fatto che è importante conoscere anche i dati fondamentali (notiziario, dati economici); la noncuranza potrebbe vanificare tutti i risultati raggiunti dall'ultima volta.

Se non hai già una posizione aperta e il mercato è a un potenziale livello di inversione, un modo per effettuare operazioni di trading è quello di impostare un ordine di acquisto al di sopra del livello di inversione. Quindi, se il mercato ottiene il breakout vuol dire che sei dentro. L'ordine di acquisto fa parte anch'esso della tua gestione del rischio, dato che ci sarà denaro sul tavolo solo se viene eseguito e diventerà un'operazione di trading.

Dopo aver scoperto dove sei posizionato nel canale di acquisto/vendita devi prestare maggiore attenzione all'indicatore RSI e a ciò che ti sta comunicando. Deve esistere una corrispondenza tra questo indicatore e le tue operazioni di trading. Quindi, se l'RSI è a livelli di mercato ipercomprato, e tu sei vicino a livelli di inversione considerando le Bande di Bollinger, significa che vi sono buone opportunità di vendita.

Segnali di acquisto ideali

Idealmente, su un segnale di acquisto vuoi che il tuo RSI <u>salga</u> o si avvicini ai livelli 30-40, concedendo un buono spazio e una buona opportunità di salire. Allo stesso tempo, vuoi anche che il mercato sia localizzato/scambiato vicino alla parte inferiore delle Bande di Bollinger.

Infine, se utilizziamo grafici a candele giapponesi, vorremmo che questi fossero verdi (prezzi in chiusura). Come puoi vedere, abbiamo bisogno di visualizzare gli stessi dati (verso l'alto) dai nostri strumenti. Guardare le candele giapponesi rosse (prezzi che chiudono al ribasso) e i livelli di RSI ipercomprato (acquisto eccessivo) è un segnale misto. Tutto ciò ti sta dicendo di rimanere in disparte; non fare trading fino a quando le cose non saranno più chiare.

Segnali di vendita ideali

Un segnale di vendita ideale è semplicemente l'opposto di quanto abbiamo descritto sopra. In altre parole, il tuo RSI scenderà dai livelli 70-80. Allo stesso tempo, vuoi anche che il mercato sia localizzato/scambiato vicino alla parte superiore delle Bande di Bollinger. Infine, se utilizziamo grafici a candele giapponesi, vorremmo che questi fossero rossi (prezzi in chiusura al ribasso).

Conclusioni

La cosa ideale sarebbe poter effettuare un'operazione di trading a partire da quando tutti gli elementi sono il più vicino possibile all'ideale che perseguiamo. Di fronte a zone grigie e di indecisione, ti consigliamo di utilizzare gli ordini di acquisto o vendita. Gli ordini NON sono operazioni, quindi non rischierai il tuo denaro fino a quando non vengono messe in atto concretamente. Questi ordini verranno effettuati vicino ai livelli ideali a cui stai cercando di fare trading.

Come abbiamo sottolineato più volte, scenario di trading ideale o meno, devi sempre mettere in campo un ordine di arresto. Purtroppo, anche la migliore ricerca del mondo non può garantire un trading redditizio.

Impostazioni per gli strumenti di analisi tecnica

RSI

Se parliamo di RSI, il default di 14 è corretto per la maggior parte degli FX, CFD, equity trading. Tuttavia, con trading a breve termine o swing trading, 14 non è ottimale. Suggeriamo 7 per lo swing trading e fino a 4 per il day trading.

Bande di Bollinger

Le impostazioni predefinite hanno riscosso il maggiore successo per il loro funzionamento; ti consiglio di mantenere queste impostazioni.

Medie Mobili

Utilizziamo 50, 100, 200. Il 50 è il segnale di allerta, 100 a breve termine e 200 a lungo termine.

DIPLOMA DI TRADING GCMS

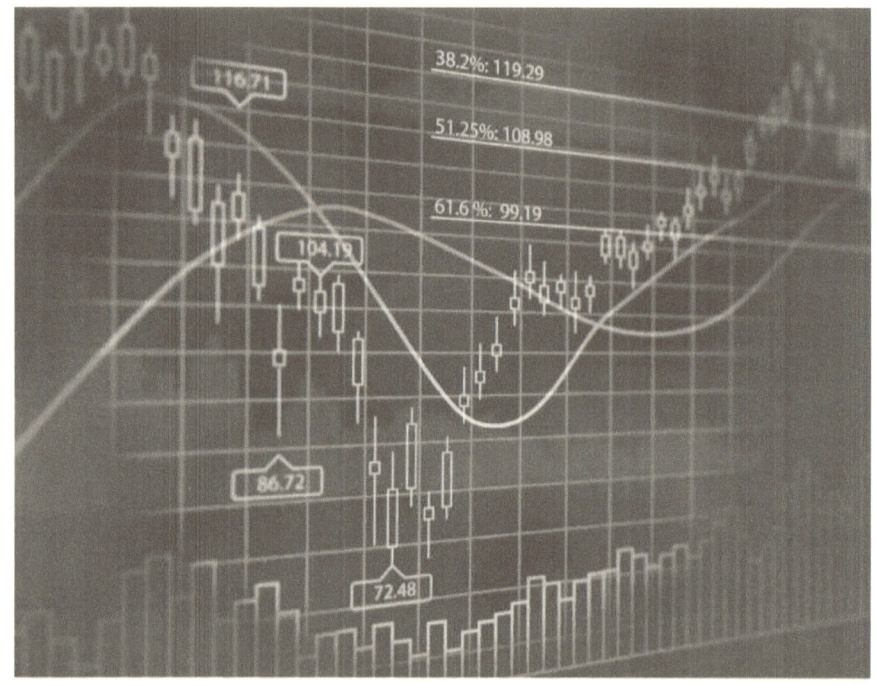

Nozioni di Base sul Sistema di Trading

- Intervallo di tempo

- Strumento che identifica una tendenza

- Strumenti che aiutano a confermare/filtrare la tendenza

- Stabilisci la tolleranza al rischio (dimensionamento della posizione)

- Seleziona i livelli di entrata/uscita

- Segui le tue regole

Nota:

Fare bene i compiti <u>non</u> ti garantisce un trading redditizio, ma aumenta le tue probabilità.

Se i dati tecnici o fondamentali non sono chiari o "disordinati", hai il diritto di non fare trading.

L'AUTORE

Wayne **Walker** è Direttore di una società che si occupa di consulenza e formazione sui mercati dei capitali globali (gcmsonline.info). Vanta diversi anni di esperienza nella guida e nel coaching di team di Consulenti per gli Investimenti, oltre ad aver gestito team con le migliori prestazioni in un Gruppo di Clienti Privato basato sul Bench Mark Earnings (BME). Il Signor Walker ha formato i trader del programma Citi-FX Pro a Londra. Ha inoltre sviluppato il programma "Trading Rights" presso Saxo Bank, che richiedeva ai Consulenti per gli Investimenti un completamento prima di essere autorizzati a fare trading. È un trader certificato dalla Markets in Financial Instrument Directive (MiFID) EU ed è qualificato per consigliare i clienti "A".

Il Signor Walker viene spesso invitato come opinionista in diversi programmi televisivi e radiofonici internazionali per le sue competenze nel campo dei mercati di capitale.

Il Signor Walker possiede numerose certificazioni e ha lavorato nelle seguenti posizioni:

- Direttore-Fondatore, (GCMS) Global Capital Market Solutions, Danimarca

- Manager, Sales Trading, Nord America e Medio Oriente, Saxo Bank, Danimarca

- Laurea alla State University of New York, College a Buffalo, USA

- NASD Series 3 - Licenza di negoziazione e consulenza su contratti futures sul Mercato Statunitense

- Certificato di Negoziazione ACI (Mercati Finanziari) - Superato con Lode (livello più alto), Francia

- Formazione nel software di quotazione FX Options di Bloomberg e UBS Bank